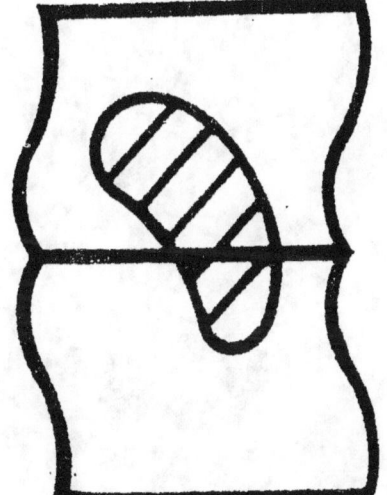

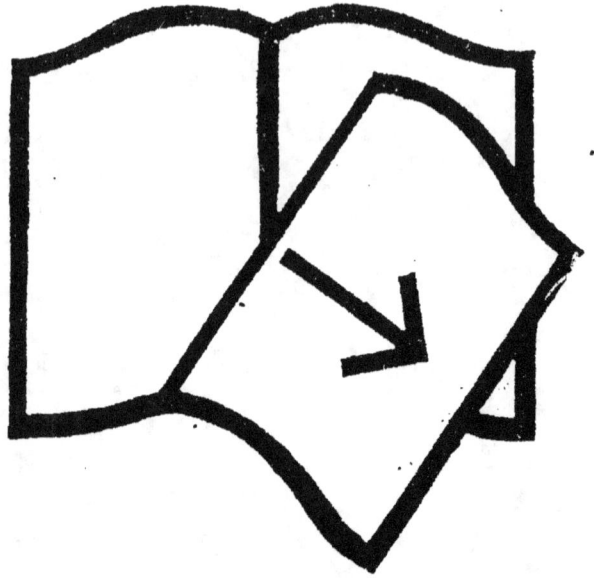

Couverture inférieure manquante

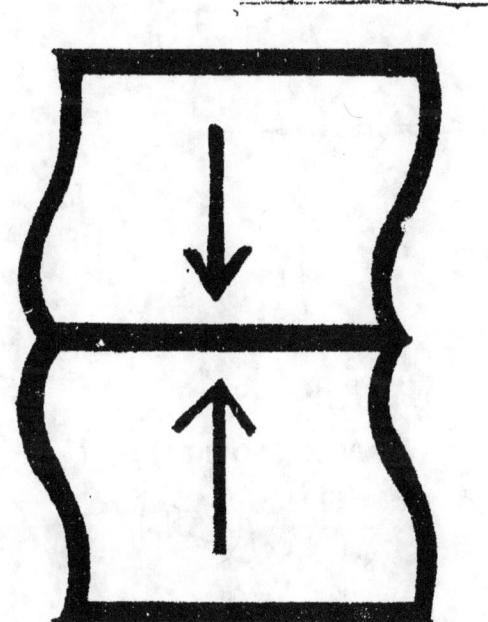

RELIURE SERREE
Absence de marges
intérieures

# UN PEINTRE BERNAYEN

# MICHEL HUBERT-DESCOURS

## 1707-1775

PAR

## M. l'Abbé PORÉE

CORRESPONDANT DU COMITÉ DES SOCIÉTÉS DES BEAUX-ARTS

PARIS

TYPOGRAPHIE DE E. PLON, NOURRIT et Cie

RUE GARANCIÈRE, 8

—

1889

# MICHEL HUBERT-DESCOURS

## 1707-1775

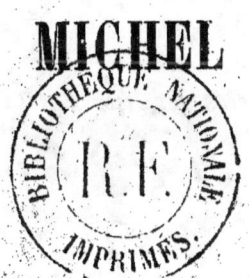

*Ce Mémoire a été lu à la Réunion des Sociétés des Beaux-Arts des Départements, le 13 juin 1889.*

UN PEINTRE BERNAYEN

# MICHEL HUBERT-DESCOURS

## 1707-1775

PAR

## M. l'Abbé PORÉE

CORRESPONDANT DU COMITÉ DES SOCIÉTÉS DES BEAUX-ARTS

PARIS

TYPOGRAPHIE DE E. PLON, NOURRIT et Cⁱᵉ

RUE GARANCIÈRE, 8

1889

# MICHEL HUBERT-DESCOURS

### (1707-1775.)

M. le marquis de Chennevières a consacré aux peintres provinciaux de l'ancienne France quatre volumes pleins de documents, de recherches curieuses, de pages charmantes. En bon Normand, il y a fait une large place à la Normandie. Quentin Varin, le premier maître de Poussin, Saint-Igny, Sacquespée, Le Tellier, les Jouvenet, les Restout, Tournières, Blain de Fontenay, ont été l'objet d'études originales, d'aperçus ingénieux et de jugements marqués au coin de la meilleure critique. L'auteur a remis en valeur des noms oubliés ou dédaignés; il a ramené quelques rayons de lumière sur plus d'une renommée éteinte; enfin, il a victorieusement soutenu la thèse que l'art provincial a eu ses grands maîtres, et que plus d'un de ces braves artistes, qui ne virent jamais l'Italie, qui ne firent même pas le voyage de Paris, sont dignes de l'honneur qui leur est fait de figurer en belle place dans les plus riches Musées de province.

Pourtant une lacune nous a frappé dans cette longue nomenclature de peintres normands. Le nom de Descours ne s'y trouve pas. Est-ce que son œuvre ne valait pas qu'on s'y arrêtât? Assurément non. Ce qui a fait, croyons-nous, hésiter M. de Chennevières, c'est l'absolue pénurie de documents en face de laquelle il s'est trouvé.

Les historiens de la peinture citent bien le nom de Descours; ils le font étudier à Paris, dans l'atelier de Rigaud, et c'est tout. Vraiment, c'est trop peu. Ce que nous connaissions des œuvres de Descours nous faisait désirer remettre en relief cette honnête figure d'artiste connue seulement de ses compatriotes. Longtemps nous dûmes attendre. Les documents n'apparaissaient pas, et nous nous contentions, dans nos excursions à travers les églises de la contrée, de noter soigneusement les tableaux signés du maître bernayen.

Une bonne fortune inattendue nous met à même de jeter quelque lumière sur la vie de notre compatriote et de faire connaître un peu l'homme en même temps que l'artiste. Avec une obligeance dont nous nous plaisons à lui témoigner ici notre reconnaissance, M. Damiens-Laurent, d'Évreux, a bien voulu nous communiquer un petit manuscrit autographe où Descours a raconté les années de sa jeunesse jusqu'à l'époque de son mariage[1]. Il y a ajouté, en appendice, les dates de la naissance de ses trois enfants, avec les noms de leurs parrains et marraines. C'est presque un livre de raison... avec quelques différences, toutefois, comme on le verra.

Michel Hubert, plus connu sous le nom de Descours, qu'il prit lui-même pour distinguer la branche à laquelle il appartenait, naquit à Bernay, paroisse Sainte-Croix, le 12 septembre 1707, de Michel Hubert et de Françoise Devaux[2]. Son père lui fit donner « toute l'éducation que son état et ses moyens lui permirent ». Le jeune Hubert se sentit du goût pour la peinture, et, chose assez étrange, son père, un bourgeois aisé, loin de s'opposer à cette vocation que l'on a de tout temps considérée comme quelque peu aventureuse, lui « laissa une entière liberté pour étudier ».

Les progrès du jeune dessinateur étaient indiscutables, et il fallait se rendre à l'évidence. Il y avait en Michel Hubert l'étoffe d'un peintre. Il s'est peint lui-même, à l'âge de vingt ans, en 1727,

---

[1] Ce manuscrit in-16 de 57 pages, relié en basane verte, est intitulé : *Les Amours de M. Hubert-Descours avec Mademoiselle Marie F..., écritte* (sic) *par luy-même, en l'an* 1737. Après avoir appartenu à Mme Anquetin, d'Évreux, parente de Descours fils, il a passé aux mains de Mme Damiens-Laurent.

[2] Archives municipales de Bernay, *Registres de catholicité de la paroisse Sainte-Croix.* Il existe une *Généalogie de la famille des Hubert, faite le 17 février 1767 par Maurice Hubert-Descours, né le 22 juillet* 1740. C'était le fils de François Hubert dont il est question dans le passage suivant : « Le fief de Bosc-le-Comte, quart de haubert, relevant du fief de Brucourt, consistant en 219 acres de terre, manoir seigneurial, vendu pour..... à François Hubert Des Cours, par acte insinué le 11 juillet 1751, reconnu par sentence du 10 juin 1752. » Cité dans les *Mémoires et notes,* etc., d'Auguste LE PREVOST, t. I, p. 320. Hubert-Descours blasonnait : *d'azur, au chevron d'or, accompagné de trois lions du même.* « Cette famille était une des plus notables et surtout des plus anciennes de Bernay. Vers le milieu du dix-septième siècle, elle se partagea en trois branches : l'aînée, les Hubert-La Famille ; la deuxième, les Hubert de la Hubertdière ; la troisième, les Hubert-Descours. Ces surnoms tout locaux, ils les avaient pris ou ou les leur avait donnés, suivant l'usage, pour distinguer les trois branches de la famille. » Le colonel GOUJON, *Notice biographique sur le colonel Pierre-Robert Hubert de la Hubertdière.* Bernay, 1885, p. 7.

alors qu'il n'avait point encore quitté sa ville natale et n'avait reçu de leçons que de quelque peintre inconnu, praticien fort modeste sans doute, et que nous voudrions pouvoir nommer ici. Descours s'est représenté à mi-corps et de face, en habit rouge grenat, gilet blanc et cravate noire, le tricorne sous le bras gauche, la main droite passée dans l'habit entr'ouvert. Sa chevelure est poudrée, le front carré, le teint clair, le nez fort, la physionomie fine et souriante, les yeux bien ouverts et singulièrement vivants. Au dos de la toile on lit : *Michel Hubert, sieur Descours, né à Bernay, peint par luy-même âgé de vingt-ans,* 1727. Ce n'est là qu'un début, où l'inexpérience du pinceau se trahit en plus d'un endroit, mais où l'on sent déjà un artiste bien doué et qui possède une entente singulière de la physionomie [1].

A l'âge de vingt-quatre ans, en 1731, Descours partit pour Paris, avec la résolution bien arrêtée de devenir quelqu'un et de se faire un nom dans l'art qu'il aimait. Grâce à de chaudes recommandations, il put entrer dans l'atelier d'Hyacinthe Rigaud, le célèbre portraitiste. C'est à cette école qu'il prit les bonnes qualités de sa peinture, l'intelligence de la physionomie, l'aisance des draperies, un style correct, un coloris solide.

L'un des premiers tableaux que nous connaissons est daté de 1732, l'année qui suivit son arrivée à Paris. Il représente une *Notre-Dame de Pitié.* Cette petite toile, que l'on peut voir au Musée de Bernay, est intéressante en ce qu'elle marque le point de départ d'un talent qui devait beaucoup gagner en ampleur et en souplesse. La donnée est très simple : la sainte Vierge au pied de la croix, et devant elle le Christ mort. Le coloris est pâle et triste, mais le sentiment est vrai et le dessin savant, surtout dans le corps inanimé du Sauveur.

Les sévères conseils que le père avait donnés à son fils en le quittant avaient été religieusement suivis. Au lieu de partager les amusements et les plaisirs auxquels se livraient ses camarades d'atelier, Descours garda des mœurs sévères et fut un infatigable travailleur. « Après avoir passé l'espace de quatre années dans une étude et une attache continuelles, sans voir qui que ce soit au

[1] Ce curieux portrait appartient à M. Hubert-La Famille, au château de Plainville, près de Bernay.

monde, je me reprochai moi-même ma trop grande solitude. Mais quelques efforts que je pusse faire pour me procurer quelque amusement avec mes confrères d'atelier, cela me fut impossible, et ce n'étoit jamais que par une certaine politique qui témoignoit plus d'ennui que de gaieté de cœur; ce qui faisoit qu'on me voyoit rarement en partie de plaisir avec eux. Mon vray contentement étoit d'être seul. Si j'allois quelquefois respirer l'air, les lieux fréquentés n'étoient point mes délices; au contraire, j'évitois toujours cette grande multitude de monde qui ne m'étoit qu'ennuyeuse. Je choisissois avec passion les routes écartées pour jouir avec tranquillité des pensées dont mon esprit s'occupoit [1]. »

Ce bon provincial, qui ne se sentait point de goût pour la vie facile de la jeunesse parisienne, avait gardé un vif souvenir de son pays natal. Il songea à venir passer quelques mois à Bernay, au sein de sa famille. Du reste, la renommée l'y avait précédé : il n'avait qu'à apporter ses pinceaux, on lui promettait de la besogne.

« Nous arrivâmes à Bernai, dit-il, où je me retrouvai dans ma famille et parmi nos amis, qui me reçurent avec bien de la joye. Je fus fort pressé d'expédier les ouvrages que j'avois à faire dans le païs; mais il m'en survint tant, qu'au lieu de deux mois que je m'étois proposé d'y rester, j'y demeurai près de huit mois. Les fréquentes parties de plaisir et de chasse que mes amis me procurèrent contribuèrent beaucoup à ce retardement [2]. »

De retour à Paris, Descours se remit à la peinture avec une ardeur nouvelle. Mais sa vie, jusque-là si calme, allait se trouver profondément agitée. Depuis quelques mois, il s'était étroitement lié avec l'un de ses camarades d'atelier nommé Fabre, qui demeurait rue de la Mortellerie. Ce jeune homme fit de son ami un portrait si flatteur, parla si avantageusement, en présence de ses parents, de sa bonne humeur et de ses manières honnêtes, que la maison paternelle fut bientôt ouverte au jeune artiste. Fabre avait deux sœurs. Descours s'éprit de la plus jeune. Longtemps il garda

---

[1] Manuscrit cité.

[2] Que sont devenus ces travaux que Descours exécuta pendant ce séjour à Bernay, c'est-à-dire vers 1735? Nous possédons une bannière peinte à l'image de la sainte Vierge et de saint Pierre, provenant de l'église de Malouy, non signée, il est vrai, mais qui nous paraît pouvoir être attribuée à Descours. Peut-être se rattache-t-elle à ce premier séjour du peintre à Bernay.

son secret, et quand il vint à Bernay, il ne s'ouvrit pas de ses projets à son père. Enfin, il se décida à demander la main de Marie Fabre. Le père de la jeune fille était mort quelque temps auparavant, et Mme Fabre voyait d'un bon œil le mariage qui se préparait. Il n'en fut pas de même d'un vieil oncle janséniste, le Père Fabre, de l'Oratoire, auquel il ne semblait pas que la condition des futurs époux pût s'accommoder [1]. Sa nièce était loin d'être riche, tandis que Descours, peintre déjà connu, paraissait être sur le chemin de la fortune. Ce fut bien autre chose quand le jeune artiste fit part à son père de sa demande en mariage. Il en reçut la lettre suivante :

« Je désapprouve beaucoup moins, mon fils, le choix que vous venez de faire, que l'imprudence que vous avez de demander en mariage une demoiselle sans consulter auparavant quels étoient mes sentiments. J'aurois cru devoir estre le premier informé de votre amour avant que d'en avoir fait les avances dont je ne vous réponds pas de la réussite, ny du succès que vous en attendez. Croyez-moi, ne pensez pas encore à vous engager dans les embarras du ménage. Vous êtes jeune, et vous ne devez uniquement songer qu'à la perfection de votre art. C'est le conseil qu'un fils tel que vous doit recevoir de ma part [2]. »

En lisant cette sévère mercuriale, Hubert-Descours comprit qu'il fallait, du moins pour un temps, renoncer à un projet si mal accueilli. Il fit donc ses soumissions à son père, qui, le croyant bien converti, lui écrivit :

« J'ai appris avec plaisir, mon fils, que vous commencez à devenir raisonnable. Appliquez-vous donc derechef à l'étude de votre art, et apprenez une fois pour toutes à vaincre généreusement tout ce qui peut vous nuire et vous être contraire pour arriver où la gloire vous appelle [3]. »

En cédant à l'orage, Descours n'avait nullement renoncé à son projet d'épouser Marie Fabre. Persuadé qu'il gagnerait sa cause

---

[1] Jean-Claude Fabre, prêtre de l'Oratoire, né à Paris en 1668. S'étant avisé, dans une édition de Richelet, en 1709, d'insérer des articles jansénistes, il dut sortir de l'Oratoire, et son ouvrage fut supprimé. Rentré dans sa congrégation après la mort de Louis XIV, il entreprit de continuer l'*Histoire ecclésiastique* de FLEURY. On lui fit défense de l'achever, après qu'il en eut donné quatorze volumes. Il mourut le 22 octobre 1753. Voir les *Mémoires de Picot*, t. III, p. 439.

[2] Manuscrit cité.

[3] Manuscrit cité.

s'il la plaidait en personne, il partit pour Bernay et réussit, cette fois, à obtenir le consentement de son père.

Lorsqu'il put, à son retour, annoncer cette heureuse nouvelle à la famille Fabre, ce fut un triomphe. Descours en devint poëte. A quelque temps de là, la fête de sa fiancée lui offrit une occasion favorable pour exprimer ses sentiments. Il a raconté lui-même ce petit épisode en termes trop sincères et trop naïfs pour que nous ne les reproduisions pas ici. « Je composai quelques bouts-rimés par lesquels j'exprimois ma flamme, sa beauté et ses grâces. Je touchai aussi sur mon bonheur et ma gloire d'avoir si généreusement combattu tant d'ennemis sur lesquels j'avois remporté une si belle victoire. J'accompagnai ce petit ouvrage de ma Minerve d'un bouquet de fleurs rares auquel étoit attaché un éventail orné d'une peinture en miniature faite de mes mains. Je me représentai sous la forme du berger Pâris qui lui présentoit la pomme d'or. Cette imagination lui parut assez bien trouvée ; elle m'en fit compliment et m'en remercia. Pour célébrer cette fête et pour faire la galanterie tout au long, j'accordai une flûte parmi l'harmonie de plusieurs instruments de mes amis, avec lesquels je répétai sous ses fenêtres mille et mille airs plus tendres les uns que les autres. Peu de temps après, nous célébrâmes l'heureux jour de notre hyménée, ce saint lien qui nous a unis ensemble, jusqu'à ce qu'il plaise à la Divinité céleste de nous séparer [1]. »

Ce fut le 15 octobre 1737 que Michel Hubert-Descours épousa Marie-Jacqueline Fabre, dans l'église Saint-Paul, à Paris. Trois enfants naquirent de leur union : 1° Marie-Jacqueline, née le 26 août 1738, et baptisée le même jour à Saint-Paul. « Le parrain fut Michel Hubert, son grand-père, bourgeois de Bernay en Normandie, et la marraine, Jacqueline Caille, veuve de Jean Fabre, sa grand'mère, bourgeoise de Paris. » 2° Henriette-Geneviève, née le 3 janvier 1740, baptisée le même jour à Saint-Paul ; 3° Michel-Pierre, né le 27 février 1741 et baptisé le lendemain à Saint-Germain-l'Auxerrois [2]. Il devint peintre comme son père. Quelques

---

[1] Manuscrit cité.

[2] Manuscrit cité. Son parrain fut « Pierre Hubert, son cousin, abbé de la paroisse de Sainte-Croix de Bernay en Normandie, et sa marraine demoiselle Caille, sa tante, épouse de Simon Caille, marchand épicier, bourgeois de Paris, son oncle maternel, de la paroisse Saint-Jacques-du-Haut-Pas ». Ibid.

années après la naissance de son fils, Descours revint se fixer dans sa ville natale.

Si l'on voulait une preuve des goûts artistiques qui régnaient alors en province, on la trouverait dans ce fait que, même dans les petites villes, des peintres de talent trouvaient une clientèle nombreuse et éclairée. La mode était aux portraits. Bourgeois, avocats et procureurs au bailliage, officiers retraités, gentilshommes tenaient à avoir leur portrait, où ils étaient fiers de se retrouver en costume d'apparat. Ces tableaux se transmettaient religieusement d'une génération à l'autre, et plus d'une famille bourgeoise arrivait ainsi à posséder une galerie d'ancêtres. Les paroisses et les confréries ne restaient pas en arrière et faisaient la commande d'une bannière à l'image du patron ou d'un tableau d'autel.

C'était ce milieu favorable que Descours allait rencontrer à Bernay. De fait, il a peint un certain nombre de tableaux pour ses compatriotes. Le premier en date est le beau portrait de *Mme de Ticheville,* fondatrice de l'hospice de Bernay, peint en 1747 [1]. En 1769, il exécuta pour la chapelle de cet établissement une *Notre-Dame de Pitié* qui fut donnée par dom Étienne Le Picard, prieur de l'abbaye de Bernay. Ce tableau, de grande dimension, est remarquable; on y retrouve les meilleures qualités de l'artiste : composition sobre et touchante, style correct, coloris harmonieux. Puis viennent le grand retable de Breteuil (Eure), représentant la *Résurrection,* en 1758; celui de Plasnes, même sujet, en 1763; une *Sainte Scholastique,* en 1774, à Ferrières-Haut-Clocher; à Saint-Léger de Rostes, une *Annonciation* et un *Saint Nicolas;* enfin un *Saint Sébastien* dans l'église du Noyer en Ouche. D'autres tableaux nous ont été signalés par M. Laumonier, sculpteur à Conches : une *Assomption,* au couvent des Augustines d'Harcourt;

---

[1] Ce tableau est signé *par Descours père en* 1747. Sur le plan que tient Mme de Ticheville, on lit :

PLAN ÉLEVÉ DE L'HÔPITAL
GÉNÉRAL DE LA VILLE DE
BERNAY. 1747

Au-dessus, on lit :

Mde DE TICHEVILLE
FONDATRICE DE CET
HÔPITAL, AGÉE DE
86 ANS.

les *Pèlerins d'Emmaüs*, à Roman ; l'*Annonciation*, à Thevray et à Bray. Citons encore une *Sainte Anne instruisant la sainte Vierge*, dans l'une des chapelles de la cathédrale d'Évreux, que l'on a attribuée à Jouvenet, mais qui doit être restituée à Descours [1]. En 1771, il peignit pour la paroisse de la Couture de Bernay une bannière représentant d'un côté la *Descente de croix*, et de l'autre la *Sainte Vierge* [2].

En 1755, Descours demeurait à Bernay, dans une maison située rue Grand-Bourg, aujourd'hui rue d'Alençon [3]. Par un sentiment facile à comprendre, il voulut la décorer lui-même et peignit, pour couvrir les murailles d'une vaste salle, huit panneaux en camaïeu bleu, dont cinq de grande dimension, représentant des scènes champêtres : 1° *Portrait de la Camargo ;* 2° *Paysannes trayant des vaches ;* 3° *Bergers jouant du flageolet ;* 4° *Villageois cueillant un essaim d'abeilles ;* 5° le *Jeu de la perche ;* 6° *Chasse au lapin ;* 7° *Berger et bergère dansant au son du tambourin ;* 8° *Paysage inachevé.* Ces panneaux sont signés *Descours pinxit* 1755, sauf le paysage inachevé et le portrait de la Camargo, qui n'est que la copie fidèle du tableau de Lancret, moins le groupe de musiciens placé à droite. Ces bergerades sont hardiment brossées en décor ; elles ont de l'entrain, de la gaieté ; l'air circule à travers les arbres au feuillage léger et les horizons fantaisistes. Le numéro 4 est très amusant à étudier. Dans une cour de ferme dominant une vallée imaginaire, deux paysans sont occupés à recueillir dans une ruche un essaim suspendu à une haute branche. Au pied de l'arbre, deux jeunes filles frappent consciencieusement sur des chaudrons, tandis qu'un garçonnet et un chien, harcelés par des abeilles, s'enfuient en criant. Vers la gauche, une vieille paysanne courbée sur sa

[1] Le tableau original de Jouvenet, daté et signé, a été retrouvé à Cherbourg, par M. l'abbé Nicolle. *Nouvelliste de Rouen*, du 21 avril 1875.

[2] *Registre de la Charité de la Couture.* De grands artistes, entre autres Nelli, Pérugin, Raphaël, Baroccio, et, parmi les modernes, Steinle et Horace Vernet n'ont pas dédaigné d'employer leur talent à ce genre de peinture populaire. Cf. PASSAVANT, *Raphaël d'Urbin*, t. I, p. 53, et t. II, p. 7 ; RIO, *De l'art chrétien*, t. II, p. 211 ; MÜNTZ, *Raphaël*, p. 81.

[3] Cette maison, que Descours n'habita pas jusqu'à la fin de sa vie, puisqu'il mourut rue aux Juifs, paroisse Sainte-Croix, avait été achetée par le grand-père de notre érudit confrère, M. Malbranche, ancien greffier du tribunal de commerce de Bernay. C'est grâce à ses soins que la collection si remarquable des camaïeux de Descours n'a pas été dispersée, il y a quelques années.

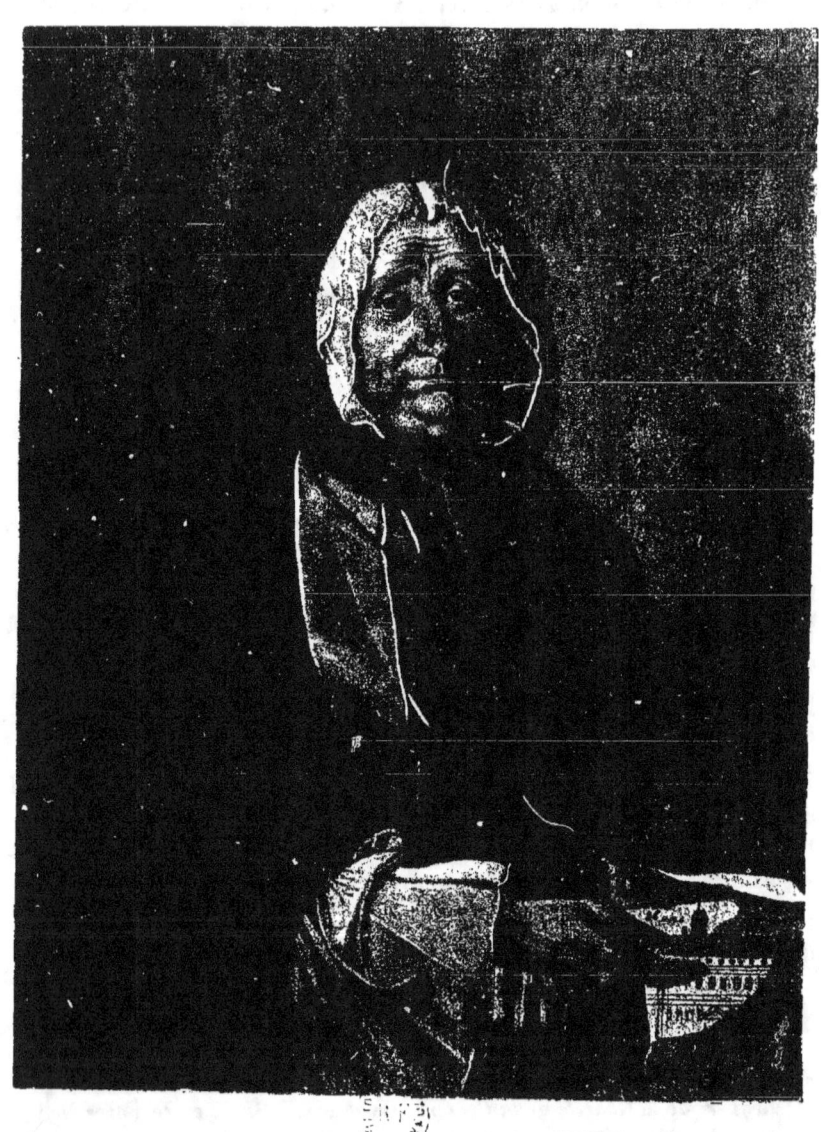

ANNE D'ARZAC DE TICHEVILLE

FONDATRICE DE L'HOSPICE DE BERNAY.

Par Descours père, 1747.

béquille a quitté son rouet et s'est arrêtée au seuil de sa maison. Des pourceaux se promènent tranquillement, sans se soucier de tout ce vacarme; à droite, à mi-côte, on aperçoit un groupe de buveurs fort altérés attablés devant des pots [1].

Par un hasard des plus heureux, cet ensemble de panneaux décoratifs, unique dans l'œuvre jusqu'ici connu de Descours, est allé rejoindre quatre médaillons, également en camaïeu bleu, que l'artiste avait exécutés, vers la fin de sa vie, pour une maison de Bernay, appartenant aujourd'hui à M. Ernest Masselin, et qui ornent les dessus de porte d'un petit salon élégamment lambrissé. Ils représentent la *Musique,* la *Peinture,* la *Sculpture* et l'*Architecture.* Les artistes sont des bambins d'une dizaine d'années, fort élégamment vêtus, qui pratiquent avec un sérieux charmant l'art qu'ils personnifient. Le sculpteur vient d'achever un buste où se reconnaît aisément la physionomie de Louis XV, tandis que l'architecte, l'épée au côté, présente le plan d'une maison à terrasse qui n'est autre que l'hôtel auquel les médaillons étaient destinés. Tout cela est vif, spirituel, gracieux sans mièvrerie, d'une légèreté et d'une sûreté de main merveilleuses. Descours a signé l'un de ces camaïeux, la *Peinture : Descours P*[t] 17.0, mais en caractères si fins, que l'un des chiffres n'est guère lisible. Nous croyons pourtant qu'il faut lire 1770 : cette date doit être à peu près celle de la construction de la maison.

Toutefois, ces médaillons d'une touche si fine et si précieuse ne sont pas une œuvre originale. C'est une excellente copie des *Arts représentés par des enfants,* que Carle Vanloo avait peints pour

---

[1] Nous devons encore mentionner quelques peintures décoratives dans une maison de Bernay, construite vers 1740, et qui fut habitée, pendant la seconde moitié du dix-huitième siècle, par Jacques Bréant, receveur des gabelles et auteur d'un poème intitulé *l'Art de peindre.* Cette maison appartient aujourd'hui à Mme Gonord. Dans le salon, magnifiquement lambrissé, deux grands panneaux représentent *Diane et Apollon.* Quoiqu'elles ne soient pas signées, ces peintures d'un chaud coloris, peuvent être attribuées à Descours père. Nous attribuons au même artiste quatre petits dessus de porte, peints en camaïeu bleu, représentant des *Scènes champêtres,* que l'on voit à Bernay, au Long-Pré, chez M. Guérie, dans une chambre entièrement lambrissée de jolies boiseries Louis XV. Ces peintures sont exécutées dans la gamme bleue légèrement verdâtre des grands camaïeux de 1755. La perspective est agréable et les personnages sont bien groupés, mais les jambes sont mal dessinées et la touche manque de légèreté. Peut-être ces dessus de porte furent-ils peints lors du voyage que fit Descours à Bernay, vers 1735.

le salon de compagnie du château de Bellevue, que la marquise de Pompadour venait de faire construire. Ces quatre panneaux ont été gravés par Fessard[1].

Quelques années auparavant, Descours avait été appelé par M. de Marsenne, receveur des tailles à Bernay, pour décorer la maison qu'il venait de faire construire rue des Cordeliers[2]. Dans une chambre, il peignit un grand *Portrait en pied de M. de Marsenne*, en costume de chasse, assis au pied d'un arbre, le fusil à la main, et caressant un chien blanc. Le costume indique un homme cossu : vaste habit rouge, gilet jaune à passements d'argent, et sur la tête un tricorne galonné d'or. C'est une imitation du portrait de Desportes peint par lui-même, que l'on voit au Louvre. Pour la salle à manger, Descours fit quatre grands dessus de porte représentant : 1° *Un cygne couvant effrayé par un petit chien ;* 2° *Une perdrix surprise par un chien ;* 3° *Chien chassant un faisan ;* 4° *Chien poursuivant deux canards sauvages.* Cette dernière toile est signée *par Descours 1766*[3]. Les quatre dessus de porte du salon sont encore l'œuvre de Descours, bien qu'il ne les ait pas signés. Ces pastorales, dans le goût de Watteau et de Lancret, sont vraisemblablement des copies ; elles figurent : 1° *la Tonte des moutons ;* 2° *Paysanne trayant des vaches ;* 3° *Dîner sur l'herbe ;* 4° *Bergers offrant des fleurs à des bergères.* Le coloris est fort vif, un peu cru même, mais les personnages sont bien posés et les lointains bleuâtres très agréables.

Descours a peint un grand nombre de portraits. L'un des plus beaux a passé à la vente Duhamel, à Évreux, le 24 avril 1879. Le

[1] A la mort de Mme de Pompadour, ces tableaux de Vanloo passèrent dans la collection de son frère, le marquis de Marigny, et figurèrent à sa vente, où ils furent adjugés pour 3,100 livres. On les a revus au Louvre, dans la collection Franck Hall Standish, rendue à la famille d'Orléans en 1849 et vendue aux enchères à Londres. Une copie de ces charmants dessus de porte, que nous a signalée M. Boivin-Champeaux, ancien premier président, existe dans le château de Saint-Étienne du Vauvray, appartenant à M. Yver, conseiller honoraire à la cour de Rouen. M. Corrard de Bréban, à Troyes, en a fait exécuter une copie d'après les originaux, lorsqu'ils étaient encore au Louvre. Voy. CAMPARDON, *Mme de Pompadour,* p. 356 ; Ch. BLANC, *Histoire des peintres : Carle Vanloo.*
[2] Aujourd'hui rue Auguste Lé Prévost. Cette maison appartient à M. Adolphe Sément.
[3] Descours s'est inspiré de plusieurs tableaux où Desportes a représenté des chiens de la meute de Louis XIV. (Musée du Louvre, nos 168 à 173.)

catalogue l'attribuait à Greuze, mais des renseignements précis établissent que l'*Enfant au carton* n'était autre que le jeune Michel-Pierre Descours peint par son père. « Tout dans ce tableau est d'une exécution fine et soignée. On voit que le père, en artiste consommé, a mis tout son talent, toute son âme à reproduire les traits d'un enfant aimé, dont la physionomie intelligente, les yeux vifs, montrent les heureuses dispositions qui sont en lui, et en ont fait plus tard un artiste distingué [1]. » Cette toile avait appartenu à une dame Anquetin, d'Évreux, parente du peintre, ainsi que le *Portrait de Descours père* peint par lui-même et celui de *Marie-Jacqueline Fabre,* sa femme. Au dire de ceux qui les ont vus, ces deux portraits, de forme ovale, étaient fort remarquables [2]. Ils ont fait partie de la collection de M. de Beaufort, au Petit-Andely. Nous ignorons ce qu'ils sont devenus.

M. Hubert La Famille est l'heureux possesseur de six toiles de Descours père. Nous avons parlé plus haut de son portrait peint par lui-même, en 1727. Les *Portraits de M. et de Mme Viel* sont de premier ordre. Assis devant une table, le bras gauche appuyé sur un registre-journal qui rappelle sa profession de marchand de frocs, à Orbec, M. Viel est représenté la tabatière à la main; ce geste familier a été spirituellement rendu. Les traits du visage sont délicats, d'une bonhomie malicieuse. L'habit de velours rouge grenat avec manchettes de dentelle, le gilet de satin blanc à fleurs s'enlèvent bien sur le fond neutre et presque foncé du tableau. Le portrait de Mme Viel n'est pas moins intéressant à étudier. C'est une physionomie bourgeoise, peu jolie, très personnelle. Descours s'est visiblement inspiré du portrait de la marquise de Prie, peint par Carle Vanloo et gravé par Chereau le jeune. Il a représenté son modèle accoudé sur un coussin bleu foncé posé sur le dessus d'une balustrade, et tenant perché sur son doigt un canari qui chante. Là robe de soie gris de lin est garnie de longues manches de dentelle admirablement rendues. Dans ces deux portraits, les mains ont été traitées avec un art merveilleux, et l'on sait combien il est difficile de faire de belles mains. Ces deux toiles sont signées *Descours.* La *Petite fille en robe bleue,* tenant un panier de fraises,

[1] Lettre de M. Chassant, du 19 mars 1889. L'*Enfant au carton* appartient aujourd'hui à Me Duflot, notaire à Louviers.

[2] Ces renseignements nous ont été fournis par Mme Damiens-Laurent, d'Évreux.

est ravissante, quoique le peintre ait un peu trop accentué ses traits
enfantins. Deux *Portraits de femme*, l'une dessinant au crayon un
buste d'homme, l'autre tenant un cahier de musique, sont d'une
touche un peu dure ; le costume de la seconde, robe blanche avec
fichu de dentelle et ceinture rose, est d'une suprême élégance [1].

Citons encore les *Portraits de M. Lehure et de sa femme*, peints
en 1768 [2], et ceux de *M. et Mme Delaflèche* [3].

Le Musée de Bernay a acquis depuis quelques années le *Portrait
de M. de Giverville, curé de Bray*, peint en 1760. C'est un bon
tableau, d'un coloris vigoureux et d'un dessin serré. Mais le chef-
d'œuvre de Descours, c'est l'admirable *Portrait de Mme de Ticheville*, conservé à l'hospice de Bernay, dans la salle des séances de
l'administration. Le peintre s'est résolument placé en face de son
modèle et l'a reproduit avec une sincérité et une simplicité qui lui
font honneur. La touche est moelleuse, la tonalité un peu sourde,
et le regard, qui n'est distrait par aucune violence de couleur, est
tout de suite attiré par l'expression douce et pénétrante de la
physionomie distinguée de Mme de Ticheville. Ce tableau a d'ail-
leurs été fort bien apprécié par M. Malbranche, l'historien de
l'hospice de Bernay. Nous ne pouvons mieux faire que de lui
emprunter les lignes suivantes : « Mme de Ticheville est représentée tenant d'une main le plan en élévation de l'hôpital, de
l'autre elle s'appuie sur une petite canne à poignée dont elle se
servait habituellement dans ses dernières années. Son regard est
encore plein de vie et d'intelligence, malgré le nombre des années
qui pesaient sur sa tête ; ses traits sont empreints d'une touchante
bonté, sorte de reflet du foyer de charité qui brûlait en elle ; toute
sa physionomie révèle la sérénité d'une âme tranquille, le calme
et la quiétude d'une conscience droite et d'une vie saintement
remplie [4]. »

Nous avons vainement cherché quelque trait biographique,

[1] Ces deux tableaux, qui ne sont pas signés, nous inspirent quelques doutes.
Nous les croirions plutôt de Descours fils. Les costumes sont de l'époque Louis XVI,
et Descours père est mort en 1775.
[2] Exposés à Bernay en 1873.
[3] Ces deux portraits, qui ont figuré à l'exposition de Bernay, en 1863, appar-
tiennent à M. Belhache, juge à Dieppe. Delaflèche était médecin à Bernay ; il
avait signé au mariage de Descours fils, en 1769.
[4] *Notice sur l'hospice de Bernay*, p. 63.

quelque anecdote ou souvenir qui pût nous aider à connaître le
caractère et l'humeur du peintre durant la seconde moitié de sa vie.
Toutefois, le fait suivant, qui nous a été signalé par M. Malbranche,
montre que Descours ne s'occupait pas exclusivement de peinture.
En 1755, l'année où il peignait ses bergerades en camaïeu, il lui
prit fantaisie d'établir à Bernay un tir à la cible. Cette idée faillit
d'abord lui attirer quelques disgrâces. Il avait fait poser, sans auto-
risation préalable, sur les poteaux de la place publique, une affiche
pour annoncer l'ouverture de son tir. A l'audience de police du
17 mai 1755, Mme Descours se présenta et argua de la bonne foi
de son mari, puis finit par s'en rapporter à la justice. Le cas n'était
pas pendable. Le lieutenant général ordonna que le sieur Descours,
accompagné du commissaire, visiterait, la semaine suivante, « le
lieu destiné à faire tirer le prix annoncé par son affiche pour voir
s'il ne pourroit en arriver aucun accident ». Le 23 du même mois,
il fut permis à Descours « de faire tirer les prix par lui proposés,
contre la côte du bois de Saint-Michel, en obtenant par lui permis-
sion de ceux à qui le fonds appartient; défense aux spectateurs
d'approcher plus de dix pieds proche des tireurs; de s'assembler au
retour, après le prix gagné, pour faire aucun repas, de peur qu'il
ne s'y commette rien de contraire à la Religion et à l'État, le tout
à peine de dix livres d'amende contre chaque contrevenant, dont le
sieur Descours sera tenu de nous donner avis; et défense à lui faite
de faire tirer les jours de dimanche et fête avant quatre heures de
l'après-midi; à laquelle fin permis au sieur Descours de publier
notre présente ordonnnance [1] ».

Hubert-Descours mourut à Bernay, « en sa maison rue aux Juifs »,
âgé de soixante-huit ans, le 17 novembre 1775, et fut enterré dans
la chapelle du cimetière de Sainte-Croix [2].

Son fils, Michel-Pierre, avait de bonne heure embrassé la carrière
paternelle : son père fut naturellement son premier maître, puis il
suivit, à l'École royale de dessin de Rouen, les leçons du peintre
Deshays. Il avait épousé à Bernay, le 31 janvier 1769, sa cousine
germaine Marie-Françoise Hubert-Descours [3]. Dans la séance

[1] Archives municipales de Bernay, *Registres de l'audience de police.*
[2] Archives municipales, *Registres de catholicité de la paroisse Sainte-Croix.*
[3] Archives municipales, *Registres de catholicité de la paroisse Sainte-Croix.* Au
bas de l'acte de mariage, on lit les signatures suivantes : Michel Hubert Descours

2

publique de l'Académie de Rouen du 5 août 1772, Descours fils obtint le prix de la classe de dessin.

Le plus ancien tableau que nous connaissons de lui est signé *par Descours fils en* 1768. C'est le portrait d'un sieur Quesnel, négociant à Bernay [1]. Les dessous sont très arrêtés, la touche est dure, le coloris brutal ; mais, en somme, le personnage est bravement campé et sa physionomie vivante. Le retable représentant *Saint Joachim, sainte Anne et la Sainte Vierge,* de 1779, que l'on voyait dans l'ancienne chapelle des Dames du Saint-Sacrement, à Bernay, est une composition charmante [2]. Malheureusement, Descours fils n'a pas souvent été aussi bien inspiré. La plupart de ses tableaux d'église sont médiocres, comme le *Saint Rosaire,* à Drucourt, de 1773, et le *Saint Sébastien,* à Neuville-sur-Autou, de 1787. La *Résurrection,* à Bazoques, peinte en 1803, est meil-

père ; Robert Hubert de la Huberdière et Jean-Adrien Hubert, cousins de l'époux ; Laurent-Michel Hubert et Maurice Hubert, frères de l'époux ; M. Descours le jeune ; F. Hubert-Descours ; Delaflèche ; Haudard ; M^ie Fabre, femme Hubert ; F. Hubert-Dupont ; Hubert, curé de Fontaine-l'Abbé, qui célébra le mariage ; Jacques Hubert ; Joseph Legras ; Gilles Courtois ; Jean Hubert de la Huberdière ; Jouen, prêtre, curé de Sainte-Croix.

[1] Ce portrait appartient à M. de la Balle, curé de la Croix-Saint-Leufroy.

[2] Ce tableau appartient aujourd'hui à M. l'abbé Aubin, aumônier de la communauté, qui l'a sauvé des brocanteurs. Le monastère du Saint-Sacrement occupe l'emplacement de l'ancien couvent des Pénitents. Ces religieux s'y étaient établis en 1657, mais n'y demeurèrent pas longtemps, puisque dix ans après on les voit acheter une propriété située près de l'église de la Couture, où ils restèrent jusqu'à la Révolution. L'ancien couvent du faubourg de la Porte de Rouen, ou, comme on l'appelait alors, de la Croix-Coquin, devint dès lors propriété particulière et appartint aux Bellemare, seigneurs de Duranville, de Saint-Cyr de Salerne, etc. La chapelle subsista comme oratoire privé, et c'est un Bellemare de Saint-Cyr qui fit exécuter par Descours fils, en 1779, le tableau dont nous venons de parler. On lit en effet sur le livre que tient sainte Anne les lignes suivantes :

> *Ce tableau fut*
> *peint par Descours*
> *fils en 1779*
> *aux ordres de*
> *Monsieur*
> *de Bellemare de*
> *S^t-Cir pour sa*
> *chapelle à Bernay.*
> *Dieu est un être*
> *tout-puissant auquel*
> *nous devons mettre*
> *toute notre confiance.*

leure, ainsi qu'une petite *Sainte Madeleine,* à Sainte-Croix de Bernay, datée 1806, et une *Immaculée Conception,* sans date, à Launay. Les deux autels latéraux de l'église de Conches étaient autrefois ornés de tableaux de Descours; l'un représentant *Sainte Anne,* et daté 1779, était évidemment dû au pinceau du fils; l'autre, peint en 1772, figurait une *Annonciation :* nous ne savons s'il était de Descours père.

Nous ne connaissons que deux portraits à signaler de Descours fils : *Mme Bréant,* en 1787, et *M. Pierre-Philippe de la Mare,* chirurgien à Brionne, mort le 19 janvier 1798[1].

En 1789, Descours avait été chargé par la municipalité de peindre les armes du Roi sur le drapeau de la ville de Bernay, ainsi que les armes urbaines sur quatre tambours. Il délivra son mémoire sur un placard imprimé, véritable prospectus qu'il distribuait dans les différentes villes où il séjournait. Nous croyons devoir le reproduire ici; il indique un certain nombre de travaux dont la trace n'a pas été retrouvée jusqu'à ce jour.

« Le sieur Descours, peintre, né à Paris, demeurant à Bernay en Normandie, élève de l'Académie royale de Peinture et disciple du célèbre M. Deshaies, arrivé ici, offre ses talents au public. Il ose se flatter de satisfaire ceux qui l'honoreront de leur confiance, dans les deux genres de portraits, à l'huile et à la miniature, qu'il traite avec succès et qui lui ont mérité les suffrages des connaisseurs. Il a eu l'avantage d'être employé par différents seigneurs, tels que Mgr le maréchal duc de Broglie, M. de Condorcet, évêque et comte de Lisieux, M. le duc de Charost et M. le duc de Bouillon, etc. ; il traite l'histoire sainte et profane, répare les vieux tableaux et les remet comme neufs. MM. les curés, qui désirent tels sujets pour des tableaux d'église, sont assurés qu'il remplira leurs désirs. Livré par goût plus que par intérêt à l'art qu'il exerce, on le trouvera disposé à satisfaire les amateurs avec promptitude, et se transporte dans les lieux où on le désire. Il tient des bordures pour les portraits carrés et ovales, du meilleur goût et parfaitement dorées.

[1] Le portrait de Mme Bréant doit appartenir à M. le Dr Guindey, d'Evreux. Descours fils peignit le portrait de Pierre de la Mare, en 1799, sur des renseignements qui lui furent donnés de vive voix. Il est aujourd'hui conservé dans une famille qui habite Cormeilles.

« Il est logé [1]... »

Descours était un ardent patriote. Lors des enrôlements volontaires qui se firent en vertu du décret du 21 juin 1791, il se présenta à la mairie de Bernay, et quoique âgé de plus de cinquante ans, il signa l'engagement suivant : « 23 juillet 1791, Pierre Hubert-Descours, peintre, fils de feu Michel et de Marie-Jacqueline Fabre, âgé de quarante-huit ans passés, taille de cinq pieds trois pouces environ, originaire de Saint-Germain-l'Auxerrois à Paris et demeurant en cette ville depuis son adolescence, a demandé à être enregistré pour aller sur la frontière à la défense de la patrie, au premier signal, et a signé : Descours, peintre [2]. » Il ne parait pas cependant que Descours ait quitté Bernay. Il s'en dédommagea en se faisant recevoir, le 7 juillet 1793, dans la Société des Amis de la Constitution.

Michel-Pierre Hubert-Descours mourut à Bernay, rue du Commerce, le 19 mai 1814, à l'âge de soixante-treize ans [3].

On a parfois confondu les œuvres des deux Descours, et pourtant il est aisé d'en faire la différence. A part quatre ou cinq tableaux d'un mérite réel, Descours fils n'a produit que des œuvres médiocres, parfois même absolument mauvaises. Il n'en est pas de même de Descours père. Nous ne saurions avoir la prétention de le mettre au rang des Jouvenet, des Tournières, des Restout. On peut dire cependant que, dans la sphère plus restreinte où s'exerça son talent, Descours fut un maître. Il était de la bonne école ; il eut la science du dessin, la composition aisée, la couleur agréable et solide, l'expression simple et vraie. Ses peintures décoratives exécutées en camaïeu, ses tableaux religieux de l'hospice de Bernay et de l'église de Breteuil, ses portraits de Mme de Ticheville et de l'Enfant au carton feraient honneur à plus d'un peintre. L'œuvre de Descours n'est pas encore suffisamment connu, et certainement des amateurs normands qui possèdent des toiles de notre artiste ne s'en

---

[1] Archives municipales de Bernay, Comptes des deniers communaux de 1789. Pièces à l'appui.

[2] Archives municipales, série H, *Affaires militaires*. Nous devons à l'obligeance de M. Malbranche la plupart des renseignements qui concernent Descours fils ; qu'il veuille bien recevoir l'expression de notre reconnaissance.

[3] Descours fils avait épousé en secondes noces Marie-Victoire Camus, qui lui survécut.

doutent guère ou s'en préoccupent peu, soit parce qu'elles ne sont pas signées, soit que ce nom, jeté dans un coin du tableau et dont les historiens n'ont pas parlé, ne leur dit pas grand'chose. Nos grands Musées normands ne possèdent pas de Descours. Mais si Rouen recherche avec un soin jaloux les moindres toiles de Saint-Igny, de Sacquespée ou de Le Tellier; si Caen ne perd pas de vue celles des Tournières, de Blain de Fontenay et de Louis Malbranche, le peintre des *Neiges,* il appartient à l'administration du Musée municipal de Bernay, si soucieuse de l'accroissement et de l'irréprochable installation de ses collections, de réunir le plus grand nombre possible des œuvres de Descours père. Elles seraient certainement une *attraction* véritable pour les amateurs, nombreux encore aujourd'hui, de l'art provincial d'autrefois

# APPENDICE

On voit dans la sacristie de Sainte-Croix de Bernay trois tableaux de Descours père, provenant d'un ancien retable d'autel. Le tableau central, de grande dimension, représente la *Prédication de Saint-Jean-Baptiste*. A droite, sur un tertre ombragé d'arbres, saint Jean, les bras levés vers le ciel, prêche la pénitence ; à gauche, un groupe de Juifs vus à mi-corps. C'est une très bonne toile, grassement peinte et d'un coloris superbe. Nous n'avons pu retrouver la signature qui a dû disparaître sous des repeints. Descours signait ordinairement son nom en lettres noires, ce qui rend parfois sa signature difficile à retrouver.

Deux petits tableaux accompagnaient le sujet principal de l'autel de Saint-Jean-Baptiste : *saint François d'Assises*, debout, les yeux levés au ciel, et tenant de la main droite un crucifix. On lit en bas, à gauche : *Descours invenit, 1757*. L'autre toile représente *sainte Elisabeth de Hongrie*. Elle porte l'habit des Franciscaines et tient entre ses mains un crucifix qu'elle contemple en souriant ; à ses pieds trois couronnes d'or. Au bas, à gauche ; *Descours, pinx 1757*.

# NOTE

---

Pendant l'impression de cette brochure, plusieurs toiles de Descours père, que nous ne connaissions pas, nous ont été signalées. Nous nous empressons de les décrire.

M. Puel, maire de Bernay, possède trois portraits de famille, dont il apprécie l'intérêt, et qui sont honorablement placés dans son salon :

1° *M. Michel-Robert Lehure*. — Personnage de grandeur naturelle, assis devant une table et tourné à gauche : il vient d'écrire une lettre en tête de laquelle on lit : *A Bernay, le 3 janvier 1771*. Figure énergique, aux traits un peu lourds, perruque poudrée, habit de velours grenat, gilet blanc. La touche de ce tableau est dure ; le buste est trop long, et les jambes mal en perspective. A gauche, on lit : *Par Descours père, 1771*.

2° *M^me Lehure*. — Toile bien supérieure à la précédente. Cette dame est représentée debout, à mi-jambes, un peu tournée vers la droite, vêtue d'une magnifique robe de satin cerise à fleurs brochées blanches, longues manchettes de dentelle, rappelant celles de *M^me Viel*, dont nous avons parlé (1) ; physionomie spirituelle, avec beaucoup de vivacité dans le regard, joues fardées et cheveux poudrés : elle tient à la main une branche d'œillet blanc.

3° *M^lle Marguerite De Lamare et une Religieuse de Sainte-Elisabeth*. — Tableau en largeur. Les deux personnages sont assis et vus à mi-corps : la religieuse est

---

(1) Voir page 22.

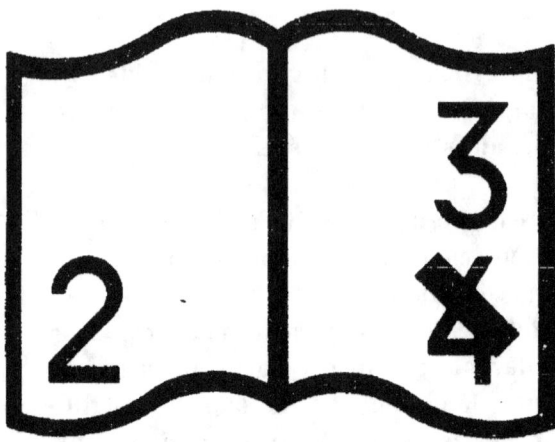

Pagination incorrecte — date incorrecte

**NF Z 43-120-12**

vêtue de noir avec une guimpe blanche, la cordelière
des Franciscaines et le chapelet à la ceinture ; (1) figure
déjà vieille mais épanouie et brillante de santé. Elle joue
de la viole et accompagne M<sup>lle</sup> De Lamare qui s'apprête
à chanter. (2) La brunette, que la jeune fille tient à la
main, est soigneusement notée, et l'on peut y lire les
vers suivants :

*Ariette des fêtes de l'himen et de l'amour*

Que craignez-vous, charmante reine ?
On n'a point d'ennemis quand on a tant d'attraits,
Et c'est le sort qui vous amène
Des cœurs soumis et de nouveaux sujets.
Que craignez-vous........

M<sup>lle</sup> De Lamare porte un charmant costume bleu
céleste, avec crevés aux manches, et une gorgerette de
dentelle ; un petit toquet bleu retombe sur l'oreille
gauche. C'est une réminiscence des modes du temps des
derniers Valois. Cette toile est signée à gauche : *Par
Descours fils en 1767.* Le jeune peintre n'avait alors que
vingt-six ans. La couleur est trop fine et la touche trop
délicate pour que Descours père n'ait pas aidé son fils
dans l'exécution de ces deux figures remarquablement
peintes. Des trois Descours que possède M. Puel, celui-ci
nous semble le plus intéressant. Il mériterait d'être
reproduit par la photographie.

Nous avons dit plus haut (3) que Descours avait peint
quelques panneaux pour l'hôtel habité par Jacques
Bréant, qui succéda à son père, en 1736, dans son office

---

(1) Les religieuses de Sainte-Elisabeth, de l'ordre de Saint-
François, avaient un couvent à Bernay, situé en haut de la rue aux
Juifs, ou Grande-Rue.

(2) M<sup>lle</sup> De Lamare épousa quelques années plus tard M. Michel
Lehure ; et c'est son portrait que Descours père peignit en 1771.

(3) Voir page 18.

de receveur des Gabelles. Il est vraisemblable que ce soit Bréant lui-même, auteur d'un poëme sur *l'Art de peindre*, qui ait chargé Descours père de l'exécution de ces toiles. (1)

On voit encore, dans cette maison, un dessus de cheminée en camaïeu bleu représentant un *Berger apprenant à une bergère à jouer du chalumeau*: c'est presque la copie d'une des vignettes d'Eisen pour les Amours pastorales de Daphnis et Chloé. Quoique cette pochade ne soit pas signée, il est aisé d'y reconnaître le pinceau de Descours : les fonds sont vaporeux et très soignés.

Une autre toile, non signée, représente, vues à mi-corps, *Trois jeunes filles agaçant un perroquet*. Les costumes chiffonnés, jaune, rose et bleu, les têtes fardées, l'élégance un peu maniérée des poses rappellent les maîtres du XVIIIe siècle, probablement Carle Vanloo, qui ont fourni à Descours le motif de son tableau (Carle Vanloo paraît avoir été le peintre préféré de notre compatriote). En tout cas, c'est une bonne peinture, solide et bien dessinée.

---

(1) Tout en aimant le talent de Descours, Bréant ne lui ménageait pas la critique, comme le prouve le quatrain suivant :

Sur le portrait de Madame la Maréchale
de Broglie
Peint par Descours et peu ressemblant,

D'essayer le portrait d'un si parfait modèle ?
Il peut bien peindre Mars, les Grâces, les Amours,
Mais pour peindre Vénus, il fallait un Appelle,

Œuvres de J.-P. Bréant publiées par la Section de la Société libre de l'Eure pour l'arrondissement de Bernay, 1883, p. 317.